VELÁZQUEZ
EL PINTOR DE LA VIDA

ELIACER CANSINO

ILUSTRACIONES DE ÁLVARO NÚÑEZ

ANAYA

Para Dafne, Lazare, Marcos y Mateo,
que aún saben descifrar la magia de los garabatos.

Para la explotación en el aula de *Velázquez, el pintor de la vida*,
existe un material con sugerencias didácticas y actividades
que está a disposición del profesorado en cualquiera de las delegaciones
de Grupo Anaya y en www.anayainfantilyjuvenil.com

© Del texto: Eliacer Cansino, 2018
© De las ilustraciones: Álvaro Núñez, 2018
© De esta edición: Grupo Anaya, S. A., 2018
Juan Ignacio Luca de Tena, 15. 28027 Madrid
www.anayainfantilyjuvenil.com
e-mail: anayainfantilyjuvenil@anaya.es

Primera edición, enero 2018

ISBN: 978-84-698-3611-8
Depósito legal: M-32067-2017

Impreso en España - Printed in Spain

Las normas ortográficas seguidas son las establecidas
por la Real Academia Española en la
Ortografía de la lengua española publicada en el año 2010.

Índice

Introducción

En las páginas que siguen voy a contaros algunos episodios de la vida de Diego Velázquez.

Velázquez ha sido uno de los pintores más grandes de la historia.

Nació en Sevilla en el año 1599 y muy joven se trasladó a Madrid donde pronto se convirtió en el pintor real. Tras una vida siempre dedicada a la pintura y al servicio de los reyes, murió en 1660 dejando una amplísima obra. Hoy sus cuadros se encuentran en museos de todo el mundo y, especialmente, en el Museo del Prado, donde se conserva gran parte de su producción.

Aunque sabemos mucho de su pintura, en cambio desconocemos bastante de su vida. Por eso, cuando queremos contarla, a veces tenemos que recrear lo sucedido. Y es lo que yo he hecho para ti, esbozar a grandes rasgos algunos de los momentos más singulares de su carrera, procurando, por una parte, ser fiel a los datos históricos y, por otra, imaginar algunas escenas, que confío se parezcan a la realidad.

Así que, sin más dilación, trasladémonos ya al siglo XVII.

La infancia de Diego

En Sevilla, en la calle de la Gorgoja, jugaban los niños a los caballos con palos y escobas. Diego, distraído, entraba y salía de la casa con un cazo lleno de agua que dejaba caer sobre un montoncito de cal. Los mezclaba y lograba una pasta con la que pintaba después en unos tablones arrumbados en la calle. Los niños lo llamaban:

—Diego, ven, te toca a ti.

Pero Diego seguía abstraído, y corría a buscar más agua para que no se secara la mezcla.

—Ya está bien de jugar, Diego —salió su madre a la puerta—. Entra y lávate las manos. Tu padre va a llevarte al taller de don Francisco y quiere que estés presentable.

Francisco Pacheco era el gran maestro de los pintores de Sevilla. Quien entraba en su taller tenía trabajo asegurado. Pero don Francisco era muy exigente y en las primeras pruebas detectaba ya si el aprendiz valía para ser pintor o si era preferible que se dedicara a otra cosa.

Lo recibió el mismo Pacheco, un hombre severo y distante, que, tras acordar con su padre algunas cuestiones referentes a la manutención, se quedó a solas con el niño. Le mostró las distintas dependencias del taller: el cuarto de las pinturas, el almacén de los lienzos, las cocinas…

Diego escuchaba atento cuanto le contaba, pero al cruzar el patio vio a una niña que lo observaba desde una de las ventanas. ¿Quién era aquella niña? ¿Sería la hija del maestro, la que llamaban Juanita?

—Si no miras para adelante, te vas a tropezar —le dijo ella.

Y, en efecto, al volverse tropezó con el mismísimo don Francisco.

—Pon atención, muchacho —le recriminó—. Aquí no viene uno a distraerse.

Aturdido, entró en la sala de los pintores. Todos comenzaron a hacer bromas.

—¿Seguro que sabes pintar? —decía uno.

—¿Sabes manejar un pincel?

—Ja, ja, ja, yo creo que no sabe ni freír un huevo —dijo otro.

Diego se sintió algo confuso con los chistes de aquellos bromistas.

—Dejadlo tranquilo —dijo don Francisco—. Siéntate, Diego, toma ese grafito y dibuja esa jarra.

El niño se sentó en una banqueta, tomó el cartón y comenzó a trazar algunas líneas. La forma como cogía el grafito y la seguridad con que insinuaba las líneas llamaron la atención de Pacheco. Se colocó detrás de él y siguió observándolo.

Al poco, Diego tenía compuesta la figura de la jarra y con una soltura inusual fue dándole sombra, con más o menos intensidad según las partes, hasta que la jarra quedó graciosamente dibujada. Solo entonces levantó la cabeza y buscó la aprobación del maestro. Los otros pintores, que habían estado observándolo, sonrieron al ver su destreza.

—Te quedarás con nosotros, Diego. Si pones atención y constancia creo que llegarás a ser pintor.

Era el año 1610. Diego tenía entonces once años.

El joven maestro

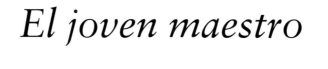

La ciudad de Sevilla era en esta época una de las principales ciudades del mundo. La colonización de América la había convertido en el gran puerto del que salían cuantos embarcaban para las Indias y al que llegaban la mayoría de los barcos, cargados de oro y plata, procedentes de aquellas tierras. En sus calles se congregaban nobles, eclesiásticos, extranjeros, soldados, comerciantes, pillos y rufianes…, todos buscando cómo ganarse la vida.

A los diecisiete años, Diego Velázquez se había convertido en un joven atractivo y emprendedor. Había conseguido el título de maestro pintor y podía dedicarse por su cuenta a la pintura. Había llegado el momento, pues, de abandonar el taller de Pacheco. Pero antes de marchar fue a ver a Juanita, que ya era una preciosa quinceañera, y le dijo:

—Juana, he de abrir mi propio taller. Pero no me iré de esta casa si tú no me acompañas.

Juana no se sorprendió, pues no era la primera vez que Diego le había insinuado su amor. Y aunque ella sentía lo mismo por él, no había querido tomarlo en serio: primero, porque aún era demasiado pequeña, y segundo, porque su padre no otorgaría su mano a un simple aprendiz. Ahora, en cambio, ella ya tenía quince años y Diego, con diecisiete, era maestro pintor. Seguro que su padre no se opondría.

—Tendrás que hablar con mi padre —dijo Juana.

—Ya lo hice.

—¿Y está de acuerdo?

—Cómo no iba a estarlo. Soy su mejor discípulo. Y creo que el más guapo.

—El más guapo no sé, pero sí el más engreído.

Fue así como Velázquez y Juana se prometieron y poco tiempo después se casaron en la iglesia de san Vicente y se fueron a vivir juntos a su nueva casa.

17

Durante sus primeros años como maestro pintor, Velázquez se dedicó a pintar algunos cuadros para las iglesias y conventos: una Inmaculada, un san Juan y una Adoración de los Magos en el que, casi con seguridad, utilizó de modelo a su mujer para representar el rostro de la Virgen. Pero en su interior sentía que aquello no era lo que él quería hacer.

Los cuadros de los santos y las vírgenes había que pintarlos según unas normas muy estrictas, demasiado formales. Y en cambio él quería pintar seres reales y no solo santos y nobles, también la gente de la calle: niños, viejos, mujeres, mendigos...

Sí, Diego quería pintar del natural, salir a la calle y ver a la gente, y además quería pintar con otras luces, a la manera del claroscuro, dejando en sombras lo que no le interesaba e iluminando lo que quería resaltar: los rostros, las manos..., como si una vela iluminase los cuerpos en la oscuridad.

Juana le advertía que tuviese cuidado, que nadie iba a encargarle aquellos cuadros, pero él estaba decidido a intentar una nueva manera de pintar.

Una mañana que paseaba por la ciudad vio a un aguador con su puesto de agua. En esa época, los aguadores eran unos hombres que vendían en la calle agua para beber. Velázquez se acercó a él y le preguntó si le importaba que lo pintase. El hombre se sorprendió, incluso pensó que pretendía reírse de él. ¿Quién querría dibujar a un humilde aguador, con su tez curtida por el sol, su saya rota y sus manos rudas?

—No temas, amigo. Hablo en serio. Te espero mañana en mi taller. Te pagaré por posar, y tráete el cántaro y las jarras.

A la mañana siguiente, el aguador se presentó en su casa. Velázquez le indicó dónde debía situarse. Colocó el cántaro a un lado, la jarra delante en una mesa y le puso una copa de cristal transparente en la mano, llena de agua. Se alejó, lo miró varias veces, corrigió su postura, volvió a mirarlo y se puso a pintar.

También llamó a un muchachillo al que había contratado para que le sirviera de modelo y con el que ya había contado en otras ocasiones para dibujar su rostro en mil gestos: riendo, llorando, enfadado… y le indicó su posición.

El chiquillo era un modelo estupendo, capaz de permanecer quieto sin inmutarse el tiempo que fuese necesario, pero, en contra, era un charlatán.

—¿Sabe, señor, que mis amigos no se creen que me pague usted por estar quieto? Solo tengo que quedarme como una estatua. Ja, ja, ja —se echó a reír.

—Anda, calla. Lo de estar quieto también va con tu lengua.

Cuando lo tuvo terminado, antes que a nadie, llamó a Juana.

—¡Dios mío, qué maravilla! —exclamó esta al ver el cuadro—. Pero es demasiado atrevido. Me temo que a mi padre no va a gustarle que te entretengas en pintar a esa gente.

—Ya no pinto para tu padre, Juana. Ahora pinto para mí. Y además, ven, voy a enseñarte algo en lo que llevo tiempo trabajando pero que no he querido que vieras hasta ahora.

Juana le siguió. Velázquez sacó la llave y abrió la puerta de la habitación en la que no dejaba entrar a nadie. Había varios cuadros y uno de ellos estaba vuelto contra la pared. Se acercó a él, le dio la vuelta y lo colocó ante Juana.

—Ahí lo tienes, ¿qué te parece?

Juana se quedó atónita: ninguna virgen, ningún santo, ningún noble… ¡una vieja friendo huevos!

—¿Te acuerdas de cuando llegué al taller por primera vez? ¿Te acuerdas de lo que dijo aquel pintor bocazas, que yo no sabía ni freír un huevo? Pues ahí está: frito y pintado.

26

El rey y los bufones

Sevilla empezaba a quedársele pequeña a Diego. Necesitaba nuevos aires y sabía que en Madrid tendría muchas más oportunidades.

Desde el reinado de Felipe II, Madrid era la capital del reino. La necesidad de mano de obra para las grandes construcciones, la instalación de los nobles en la ciudad, la llegada de comerciantes, embajadores, etcétera, había hecho crecer su población hasta convertirla en la más populosa de España. A esa ciudad, moderna y vivaz, asiento también de escritores y artistas, llegó Diego con la esperanza de convertirse en el pintor que soñaba.

Se alojó en la calle del Espejo, muy cerca del Alcázar, y esperó a que sus amigos más influyentes lograran que lo recibiesen en palacio. El tiempo pasaba lentamente sin tener noticias, y cuando parecía que iba a desesperar, el conde duque de Olivares, el gran valido del rey, lo mandó llamar.

Velázquez dio saltos de alegría. ¡No podía creerlo! Era la oportunidad que esperaba.

Entró en el Alcázar procurando no dejarse impresionar ni por la presencia de la guardia real en cada uno de los pasillos, ni por los nobles que se cruzaban con él ricamente ataviados, ni por los curiosos que lo miraban a su paso con cierta suspicacia; y así llegó al taller donde había un lienzo ya colocado sobre el caballete, los pigmentos preparados, los óleos, los pinceles… Un criado con librea lo esperaba.

—Señor, estoy a su disposición, mándeme cuanto quiera que al momento lo tendrá servido.

Velázquez le pidió que le enseñase los colores, los carboncillos, los pinceles… De repente, había perdido todo nerviosismo. Se sentía seguro, como si aquel taller no perteneciese al palacio y fuese solo un taller como otros muchos, donde un pintor espera a su modelo.

El criado, mucho mayor que él, lo miraba con curiosidad, admirado de su juventud y su temple. De repente se abrió la puerta y un ujier gritó:

—¡El rey!

El criado se inclinó y se mantuvo así sin levantar la cabeza. Velázquez permaneció de pie sin saber muy bien qué postura adoptar. Ni siquiera tuvo tiempo de decidirlo: frente a él encontró a un muchacho alto, rubio, pálido, con los ojos grandes y soñolientos, todo vestido de negro, con cierto aire de frialdad y lejanía. Se le quedó mirando tan fijamente que, intimidado, optó por hacer una exagerada reverencia.

—¿Eres el sevillano?

—Sí, majestad. Soy Diego Velázquez.

—He visto una de tus pinturas —dijo casi sin dirigirle la mirada— y he oído decir que has pintado unos cuadros soberbios, pero que eres demasiado atrevido con las pinceladas, que no perfilas las figuras.

—Las perfilo, majestad, pero lo hago con las sombras. Prefiero hacerlo así a retocar una y otra vez la figura.

El rey se sentó en un sillón y se entretuvo en mirarse las manos sin volver a hablar. Velázquez miró al criado, inseguro. El criado le indicó por señas que comenzase. El rey parecía distraído, alejado, como si de mala gana concediese aquel posado.

Diego se dio prisa y comenzó a dibujar a mano alzada un esquema básico, las proporciones, los contornos… El modelo permanecía distraído, con cierto desdén. Velázquez, a su vez, lo miraba concentrado, intentando no ver al rey, sino solo al muchacho que estaba sentado frente a él, vestido de negro, con su golilla almidonada, los labios muy rojos, y los ojos con una tristeza impropia de quien solo tenía dieciocho años.

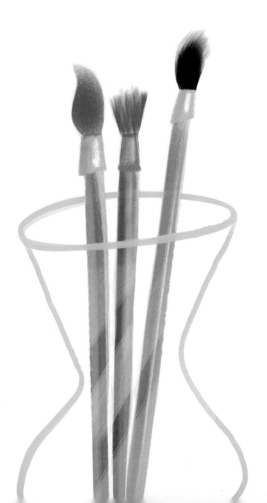

Al cabo de un rato, y sin advertirlo ni preocuparle lo que hiciese Velázquez, Felipe IV, el rey casi adolescente, se levantó.

—Procura no mentir en tu cuadro. De sobra sé cómo soy. Quiero un pintor como quien quiere un espejo, no lo olvides.

Velázquez permaneció con el pincel en la mano, sin saber qué decir, inclinado de nuevo mientras el rey se marchaba. Se extrañaba de que le hubiese dirigido la palabra, pues le habían advertido que no hablaba directamente con los súbditos.

Aún no se había repuesto de la impresión cuando, de repente, entre los cortinajes asomó un individuo desgarbado que, dando un brinco, se colocó en el centro de la habitación.

—Ahora me toca a mí —dijo con petulancia—, ¡soy el príncipe don Juan de Calabazas! ¡Te ordeno que me pintes!

Velázquez se quedó sorprendido. ¿Quién era aquel personaje? ¿Realmente era un príncipe?

—No se inquiete, maestro —dijo el criado que le acompañaba al ver su desconcierto—. Él es Calabacillas, uno de los bufones de palacio. Un verdadero truhan, pero protegido por el rey. Quizá algún día tenga que pintarlo, lo mismo que a esos.

Y en ese momento, entraron en tropel varios personajes, todos pequeños, que con gran algarabía solicitaban ser retratados por el pintor.

—Está bien, calmaos. Si el rey lo quiere os pintaré a todos —dijo Velázquez.

Al fondo, los criados cerraban las puertas por las que había pasado el rey. Velázquez aún meditaba las palabras que había escuchado de su boca: «Quiero un pintor como quien quiere un espejo».

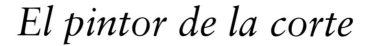

El pintor de la corte

Durante los años que siguieron, Velázquez retrató en muchas ocasiones al rey y a todos los miembros de la familia real. Y tanto le gustaban a Felipe IV sus cuadros que pronto le ordenó que fuese con su familia a vivir al mismísimo palacio.

De esa forma podría visitar el taller del pintor cuantas veces quisiera, no solo para que lo retratase, sino para verlo pintar, pues Felipe IV era un gran aficionado a la pintura. Poco a poco fue estableciéndose una amistosa relación entre el rey y su pintor. Una amistad que desató los celos y envidias de los pintores que hasta entonces habían dominado en la corte.

Por aquellos días llegó a Madrid uno de los pintores barrocos más famosos del momento: Pedro Pablo Rubens.

Rubens era un hombre de mundo y su misión en la capital tenía más de embajador que de pintor. Fuese como fuese, Velázquez aprovechó para encontrarse con él.

La atracción fue mutua. Rubens quedó deslumbrado con el trabajo de Velázquez, y este no desaprovechó la oportunidad de escuchar cuantos consejos le daba. En aquel clima de confianza, Velázquez quiso enseñarle un cuadro que por aquel entonces pintaba: era un cuadro del dios Baco, el dios del vino. Rogó al pintor que esperase un momento antes de entrar en el taller y tapó con un lienzo la mitad del cuadro.

—Ya podéis entrar.

Rubens permaneció atónito observando la figura. El dios parecía un muchacho en una fiesta campestre, con el pecho desnudo, y con el rostro sonrosado y sonriente colocaba una corona en la cabeza de un hombre.

—Es espléndido —dijo Rubens—. Pero ¿por qué cubrís con un paño esa otra parte del cuadro?

—Temo que no os guste lo que vais a ver.

—Descorredlo, por favor. De mí no tenéis que temer ningún reproche.

Velázquez descorrió el paño y tras él apareció un grupo de campesinos, achispados y sonrientes…

—No puedo creerlo, ¡es magnífico! —dijo Rubens.

—¿Sinceramente lo creéis?

—Por supuesto, jamás se me hubiese ocurrido colocar a esos borrachines junto al dios. Es un contrapunto inesperado y formidable. Sin embargo, vuestros colores, Diego…

—¿Qué le ocurre a mis colores?

—Perdonad que os diga algo: la pintura española es demasiado triste, demasiados colores ocres, demasiada sobriedad. Si fuerais a Italia veríais un mundo distinto. Hacedme caso: id a Italia.

El papa y la Venus

Aquel consejo de Rubens no cayó en saco roto. Sin embargo, Velázquez tenía que dedicarse no solo a pintar, también debía atender a otros menesteres de palacio.

El favor del rey hizo que en poco tiempo fuese escalando puestos cada vez más importantes y de mayor confianza. Primero fue nombrado ujier de cámara, más tarde ayuda de cámara y, por último, aposentador real. Pero aun así la pintura era su ocupación principal.

Con motivo de la construcción de un nuevo palacio de verano, llamado el Buen Retiro, Velázquez fue el encargado de pintar uno de los cuadros que más fama le dieron: *La rendición de Breda*.

Se trataba de un cuadro histórico que debía conmemorar
la toma de esa plaza holandesa. Realizó un trabajo magistral:
vencedores y vencidos aparecían con la misma dignidad
y esmero, pero sobre todo era técnicamente un prodigio:
el espacio y la luz parecían reflejar el mismo aire.

Y el entramado de las lanzas de los soldados españoles
era tan llamativo que la gente comenzó a llamar al cuadro
Las lanzas, y así pasó a la historia.

Por aquel entonces Velázquez ya había visitado en una ocasión Italia, pero el rey le envió nuevamente con la misión de comprar antigüedades, pinturas y esculturas.

No era ya aquel joven lleno de intuiciones de su primer viaje, sino que ahora era un pintor consolidado cuya fama le precedía. El mismo papa, en cuanto supo de su presencia, solicitó que le hiciese un retrato.

Velázquez sabía que Inocencio X era un hombre severo, con frecuentes accesos de mal humor. Tenía que andar con cuidado. Se preparó pues a conciencia. Una vez dispuesto se presentó ante el papa e inició su trabajo. Lo hizo con audacia y sin contemplaciones. Marcó el gesto, la mirada, y eligió un atrevido color ocre, casi rojo, para el rostro.

Cuando lo hubo concluido, invitó al modelo a contemplarlo. Era el momento de la verdad, el crítico momento en que el modelo juzga el trabajo y se siente o no identificado. El papa permaneció inmóvil delante de su imagen e insinuó un gesto que el pintor no acertaba a interpretar: ¿le gustaría, no le gustaría? Por fin, con voz seca, dijo en italiano:

—*Troppo vero*. Demasiado verdadero. Bien podíais haber eliminado alguna imperfección.

—Santidad, la verdad coincide con la realidad.

50

En cuanto pudo, Velázquez abandonó el Vaticano y se trasladó a la Villa Médicis, un palacete donde dio rienda suelta a su creatividad y pintó dos maravillosos cuadritos de jardines en los que ensayó unas pinceladas tan impresionistas que parecían venir del futuro.

Y antes de regresar a España pintó un cuadro de una belleza sorprendente: *La Venus del espejo*. Mientras lo pintaba, le confiaba a su modelo:

—No podrán reconocerte. Nadie sabrá jamás quién eres, si noble o plebeya. Mostraré a todos que la belleza no reconoce atributos sociales.

Los últimos días

Con el paso de los años, Diego Velázquez se convirtió en un gran pintor muy reconocido. Pero a pesar de la admiración que despertaba entre los nobles, él siempre volvía a los temas de la vida cotidiana, a los asuntos humildes tras los que le gustaba esconder los grandes símbolos. Como si en cada cuadro diseñara un cofre con distintos fondos que a medida que se abren van revelando el misterio que contiene.

Y eso ocurrió con *Las hilanderas,* un cuadro donde, bajo la aparente sencillez de una escena de mujeres trabajadoras, se ocultaba el mito de Aracne, la joven tejedora a la que la diosa Atenea condenó a hilar eternamente, conviertiéndola en araña.

Pero el hilo de la vida de los hombres no es eterno. Y también Velázquez fue llegando a sus últimos días.

Con enorme esfuerzo había logrado conciliar sus obligaciones palaciegas con su libertad interior, dando muestras de una audacia y equilibrio sin igual.

54

Pero aún le faltaba algo. Hacía tiempo que soñaba con un cuadro en el que pretendía concentrar todos los logros de su pintura: la profundidad del espacio que tanto le obsesionaba, el reflejo del aire y de la luz, el realismo de sus personajes… Y algo más personal: el verdadero lugar del artista.

En varias ocasiones, Velázquez le había confesado al rey su deseo de alcanzar un título de nobleza: la Orden de Santiago. Quería que lo considerasen al mismo nivel que cualquier noble.

Opinaba que pintar era un digno oficio, por más que algunos consideraran en la época que trabajar con las manos no era propio de nobles. Pero el rey no lo tomaba demasiado en serio. Tenía otras cosas en que pensar y, además, tampoco él se sentía feliz. Su reino parecía derrumbarse. A menudo le hacía sus confidencias a Velázquez:

—Diego, quiero que pintéis a mi familia. Me temo que el tiempo corre ahora demasiado deprisa para nosotros y al menos tú podrás detenerlo con tus pinceles.

—Confiáis demasiado en mí, majestad. ¿Cómo podría yo detener el tiempo?

Pero en realidad sí sabía cómo hacerlo, al menos cómo intentarlo. Desde hacía tiempo le daba vueltas a una idea que mantenía en secreto: pintar a la familia real. Pero pintarla de otra manera, como nunca hasta ahora nadie había imaginado.

Boceto tras boceto, Velázquez diseñaba la composición de su obra. Pasado algún tiempo, convocó en las antiguas dependencias del príncipe a algunos de los sirvientes que acompañarían a la familia real.

Nicolasillo Pertusato, como siempre, llegó protestando:

—¿Y tendremos que estar mucho tiempo aquí, sin movernos?

—Si logro pintar lo que pienso, estarás aquí quieto por la eternidad, Nicolasillo.

—¡Lo que faltaba!

—¿Y la familia real dónde se coloca? —preguntaba Maribárbola.

—Tú de eso no te preocupes. Hoy solo quiero comprobar vuestras posiciones. Id colocándoos donde os he dicho. Nieto, tú como si estuvieses bajando la escalera. Isabel, toma ese jarrito en la mano. María Agustina, ponte a este lado…, más inclinada, mirando al frente; Maribárbola, tú quieta, como estás. Y tú, Nicolasillo, procura que el perro no se mueva, de momento no le pongas la pierna encima. Eso lo haremos después. Y vosotros dos, que llegáis tarde, detrás, en la segunda fila. Un poco más a la derecha, Marcela…, así.

Velázquez se colocó frente a ellos y los observó detenidamente. Movió un poco el enorme lienzo que había situado a la izquierda. Después, se buscó en el espejo del fondo hasta verse aparecer. Se quedó meditando: «Eso es. Donde yo me veo reflejado deberán estar los reyes; y la niña en primer plano, pero antes… antes tendré que convencer a sus majestades del lugar que les he asignado».

60

—¿Puedo moverme ya? —incordió Nicolasillo.

—Sí, puedes moverte, Nicolás. Y los demás podéis volver a vuestros quehaceres. Cuando os necesite os llamaré.

Cuando salieron, Velázquez se quedó a solas y se sentó bajo la luz amarilla que entraba por el gran ventanal. Por un momento la memoria le trajo el recuerdo de aquel chiquillo que soñaba con ser pintor, su primera llegada a Madrid, la atrevida inconsciencia con que enfrentó el primer cuadro del rey… «¡Cómo ha pasado el tiempo!», se dijo.

Fugazmente, recordó alguno de sus cuadros. Empeñado en atrapar la vida en cada uno de ellos, la suya se le había ido escapando casi sin darse cuenta. Pero no quiso dejarse llevar por la nostalgia: se levantó, colocó en su mano izquierda la paleta, puso en ella algunos colores —albayalde, bermellón, ocre, carmín…—, y con la derecha tomó el pincel, lo levantó parsimonioso y… comenzó a pintar.

Muchos años después, ese cuadro enigmático recibiría el nombre de *Las meninas*. Y en él, junto a los demás personajes, podemos ver a Velázquez, en primer plano, con toda la nobleza que soñaba y libre ya para siempre del paso del tiempo.

63